11 Avril 1881

Vente du Lundi 11 Avril 1881

HOTEL DROUOT, SALLE N° 6

A DEUX HEURES

OBJETS D'ART

ET

MEUBLES ANCIENS

BOIS SCULPTÉS

TABLEAUX ANCIENS ET MODERNES

Argenterie, Objets de vitrine, Porcelaines, Bijoux

TAPISSERIES, ÉTOFFES, OBJETS DIVERS

EXPOSITION PUBLIQUE

Le Dimanche 10 Avril 1881, de une heure et demie à cinq heures

Mᵉ Em. CAURA | M. Georges SEMPE

COMMISre-PRISEUR | EXPERT

rue Richer, n° 54 | rue Saint-Lazare, n° 45

PARIS — 1881

V^{es} RENOU, MAULDE et COCK

IMPRIMEURS DE LA COMPAGNIE DES COMMISSAIRES-PRISEURS

Rue de Rivoli, 144

CATALOGUE

D'OBJETS D'ART

ET

MEUBLES ANCIENS

BOIS SCULPTÉS

TABLEAUX ANCIENS ET MODERNES

Argenterie, Objets de vitrine, Porcelaines, Bijoux

TAPISSERIES, ÉTOFFES, OBJETS DIVERS

DONT LA VENTE AURA LIEU

HOTEL DROUOT, SALLE N° 6

Le Lundi 11 Avril 1881

A DEUX HEURES

Par le ministère de M° **Em. CAURA**, Commissaire-Priseur,
rue Richer, 54,

Assisté de **M. Georges SEMPÉ**, Expert, rue Saint-Lazare, 45.

EXPOSITION PUBLIQUE

Le Dimanche 10 Avril 1881, de une heure et demie à cinq heures.

—

PARIS — 1881

CONDITIONS DE LA VENTE

———

Elle sera faite au comptant.

Les Acquéreurs paieront CINQ POUR CENT, en sus
des enchères, applicables aux frais.

TABLEAUX ANCIENS ET MODERNES

COURBET (G.)

1 — Marine.

DAUBIGNY

2 — Paysage en Normandie (Soleil couchant).

DELPY

3 — Paysage avec cours d'eau (Crépuscule).

KOECKOECK

4 — Paysage flamand.

LAZERGES (Hippolyte)

5 — La Femme à la conque (Salon de 1872).

NATTIER

6 — Portrait de femme en Diane chasseresse.

RAOUX

7 — La Leçon de dessin.

SCHELFHOUT

8 — Patineurs sur un canal glacé de Hollande.

MEUBLES D'ART ET BOIS SCULPTÉS

9 — Très beau Meuble en noyer richement sculpté, couvert en tapisserie au point, personnages, oiseaux et fleurs, composé de : un Canapé et deux Fauteuils, époque Louis XIV.

10 — Meuble couvert en très belle tapisserie au point, composé de six Fauteuils, époque Louis XVI.

11 — Paravent à quatre feuilles en velours vert frappé, avec très beaux médaillons à personnages en tapisserie au petit point, époque Louis XIII.

12 — Jolie Pannetière en noyer sculpté, travail italien du xvi° siècle, avec sa serrure de l'époque.

13 — Autre Pannetière en noyer du xvi° siècle, avec fronton et porte sculptés d'allégories, et ses ferrements de l'époque.

14 — Coffre ancien en chêne sculpté, daté 1562, avec sa serrure de l'époque.

15 — Chaise Louis XIII en chêne, à dossier plein.

16 — Grand Cabinet sur pieds tors en ébène gravé, époque Louis XIII.

17 — Jolie Commode en marqueterie, bois de rose, ornée de bronzes, époque Louis XV.

18 — Table à cinq pieds tors, époque Louis XIII.

19 — Table à X dorée, dessus en velours rouge.

20 — Deux Tabourets Empire.

21 — Petite Bergère en bois sculpté, couverte en soie,
époque Louis XVI.

22 — Beau Coffre à neuf panneaux, sculpté de figures,
xve siècle.

23 — Beau Panneau à figurines de syrènes, enroulement
de fleurs, oiseaux et chimères, en noyer sculpté
du xvie siècle.

24 — Grand Panneau à figurines d'enfants, fleurs et
oiseaux, xvie siècle.

25 — Quatre Panneaux en bois sculpté, têtes en relief,
xvie siècle.

26 — Deux petites Portes en bois sculpté avec figurines.
xvie siècle.

27 — Deux Portes en bois sculpté, fleurs et ornements,
xvie siècle.

28 — Deux autres Portes, avec très beaux montants,
même époque.

29 — Panneau sculpté de chimères et enfants, même
époque.

30 — Belle Commode hollandaise en marqueterie de
bois, à fleurs.

31 — Grand Coffre à dossier, formant banquette, en
chêne sculpté.

32 — Régulateur Louis XIV en bois de rose, orné de
bronzes.

TAPISSERIES, ÉTOFFES

33 — Magnifique Panneau entièrement au petit point, avec enroulement de fleurs et d'oiseaux. Très beau travail du xvɪᵉ siècle. L. 2ᵐ10. H. 0ᵐ90.

34 — Tapisserie à personnages, très beaux costumes, époque Renaissance.

35 — Belle Portière, tapisserie à personnage, lions héraldiques et armoirie, xvɪᵉ siècle.

36 — Joli Coussin, tapisserie au point à sujet, époque Louis XIII.

37-39 — Suite de trois Tapisseries verdure.

40 — Grande Tapisserie, *le Jugement de Pâris,* avec sa bordure.

41 — Tapisserie à personnages.

42-43 — Deux Tapisseries verdure.

44 — Grande Bande de brocart fond jaune, époque Louis XIII.

45 — Quatre Morceaux de damas broché or, époque Louis XIV.

————

OBJETS D'ART, BIJOUX ET ARGENTERIE ANCIENNES
OBJETS DE VITRINE

46 — Pendule en écaille ornée de très beaux bronzes, époque Louis XIV.

47 — Très belle Corne d'appel richement sculptée, époque Louis XIV.

48 — Couteau de chasse ancien, lame gravée, poignée en bronze ciselé, nacre et écaille.

49 — Casque gravé, du xvi⁰ siècle.

50 — Autre Casque gravé, du xvi⁰ siècle.

51 — Pendentif et Boucles d'oreilles émeraudes montées or. Très beau travail, époque Louis XIII.

52 — Jolie Montre en or et jargons, époque Louis XVI.

53 — Autre Montre en or émaillé.

54 — Couvert en argent ancien, avec sujets allégoriques.

54 *bis* — Gobelet ancien en argent.

55 — Salière en argent, époque Louis XV.

56 — Boîte à hosties en argent gravé.

57 — Ancienne Monture de fusil en argent.

58 — Pied de coupe ancien en argent repoussé.

59 — Coquetier en filigrane d'argent.

60 — Châtelaine en argent, époque Louis XV.

61 — Blague à tabac en argent.

62 — Croix normande en argent.

63 — Flacon et Bouchon en argent doré.

64 — Deux Boucles anciennes en argent.

65 — Une autre Boucle.

66 — Croix normande en or.

67 — Fourchette et Couteau anciens, manches jaspe
sanguin.

68 — Étui en émail, époque Louis XVI.

69 — Jonque japonaise en ivoire.

70 — Petite Bonbonnière ronde en argent, couvercle à
médaillons de personnages finement ciselés,
sur fond émaillé.

71 — Bonbonnière ronde en écaille, époque Louis XV,
dessus orné d'un sujet pastoral en ivoire
finement sculpté.

72 — Jolie Boîte Louis XVI, en agate, montée en or.

73 — Boucle ancienne en filigrane d'argent.

74 — Deux autres Boucles.

75 — Vase en ancienne porcelaine de Saxe redécorée,
sur fond rouge haricot.

76 — L'*Amour Pèlerin*, figurine en porcelaine de Saxe.

77 — Broc en porcelaine de Saxe; décor de personnage
en camaïeu rose.

78 — Jolie petite Tasse en vieux Chine, fond noir, rare.

79 — Ménagère en vieux Wedgwood.

80 — Pitong en porcelaine de Satzuma.

81 — Flacon en vieux Saxe.

82 — Cuvette et Flacon en vieux Chine; décor bleu à rehauts d'or.

83 — Jardinière en Japon.

84 — Tasse et Soucoupe de Sèvres.

85 — Autre Tasse en porcelaine de Vienne.

86 — Boîte en ancienne faïence de Perse, forme fruit.

87-89 — Trois autres Boîtes.

90 — Pipe formée par une figurine de femme, en vieux Saxe.

91 — Petit Flacon en ancienne porcelaine de Saxe.

92 — Lot de Monnaies anciennes argent et bronze (Sera divisé).

93 — Six Médailles romaines et grecques en argent.

94 — Jolie Miniature (Portrait de femme), époque Louis XV.

95 — Cloche en métal, époque Louis XIV, signée *Osmont-Dubois-Paris*, avec son marteau ancien.

96 — Vase antique en bronze vert.

97 — Lampe antique en bronze vert.

98 — Instrument d'astronomie en cuivre du xviie siècle.

99 — Ceinture en cuivre doré, xvie siècle.

100 — Autre Ceinture.

101 — Boîte en émail cloisonné.

102 — Gobelet en émail de Limoges.

103 — Bonbonnière en émail.

104 — Miniature (Portrait de femme).

105 — Autre Miniature, signée *Favrier*, 1793.

106 — Statuette en ivoire, *la Vierge*, xvie siècle.

107-108 — Deux Bustes en biscuit de Vienne.

109 — Cinq Boîtes en laque.

110 — Casse-Tête en vieux laque de Chine.

111 — Médaillon bas-relief en buis sculpté, la Vierge à la chaise.

112 — Deux Médaillons en ivoire, cadres ivoire.

113 — Quatre Dessus de porte en grisaille, Jeux d'enfants, époque Louis XVI.

114 — Deux Peintures anciennes. Travail persan.

115 — Dessin attribué à Boucher.

116 — Autre Dessin attribué à Prudhon.

117 — Gravure ancienne, d'après Nattier.

118 — Objets non catalogués.

Vᵉ Renou, Maulde et Cock, impr de la Compagnie des Commissaires-Priseurs,
rue de Rivoli, 144.   17122